거짓말이 울려가는 책입니다

글쓴이 소니아 라요스

건축가이자 엔지니어예요. 스페인 발렌시아 신시가지의 아파트에 살고 있어요. 함께 글을 쓴 실바나 안드레스와 건축+예술 교육 프로젝트 <아르키텍투라스(건축 읽기)>를 수행하고 있습니다.

글쓴이 실바나 안드레스

교사예요. 스페인 발렌시아의 친환경 건물에 살아요. 건축 재료에서부터 지구 환경을 최우선으로 생각한 건물이죠. 소니아와 함께 건축+예술 교육 프로젝트 <아르키텍투라스(건축 읽기)>를 수행하고 있어요.

그린이 후안 베리오

일러스트레이터예요. 건축학을 공부했지만 그림에 더 열정이 많아, 지난 30년 동안 일러스트와 만화를 그렸습니다. 2011년에는 스페인 국립 만화대상 최종 후보에 올랐고, 2012년에는 국제 그래픽노블상을 수상했어요.

옮긴이 성초림

번역가예요. 스페인 현대문학으로 박사 학위를 받았어요. 지금은 대학에서 강의하면서 스페인어권 좋은 책을 우리말로, 우리 작품을 스페인어로 옮기는 작업을 하고 있습니다. 2015년 한국문학번역상을 수상했어요.

감수자 권현정

건축가예요. 파리 라 빌레트 건축 학교를 졸업하고 프랑스 건축사 자격을 얻었어요. 지금은 서울시 공공 건축가와 서울시 디자인 심의 위원으로 활동하고 있습니다. 또한 국제건축가연합(UIA) 어린이 건축 교육 프로그램의 한국 대표를 맡고 있지요. <서울시 건축 학교>를 운영하면서 어린이들과 건축 수업을 진행하고 있기도 해요.

건축물이 올라가는 중입니다_ 어린이 건축 수업

초판 1쇄 발행 2023년 4월 26일 초판 3쇄 발행 2024년 5월 10일
글 소니아 라요스·실바나 안드레스 그림 후안 베리오 옮김 성초림 감수 권현정
펴낸이 최순영 교양 학습 팀장 김솔미 키즈 디자인 팀장 이수현 디자인 오세라
펴낸곳 ㈜위즈덤하우스 출판등록 2000년 5월 23일 제13-1071호 주소 서울특별시 마포구 양화로 19 합정오피스빌딩 17층
전화 02) 2179-5600 내용문의 02) 2179-5664 홈페이지 www.wisdomhouse.co.kr 전자우편 kids@wisdomhouse.co.kr

EN CONSTRUCCIÓN
First published in Spain by Litera Libros
Copyright © Litera Libros 2018
Text © 2018 Silvana Andrés and Sonia Rayos
Illustrations © 2018 Juan Berrio
This edition was published by arrangement with Birds of a Feather Agency, Portugal.
Korean translation rights © 2023 by Wisdom House, Inc.,
All rights reserved.
This edition published by arrangement with AMO Agency.

이 책의 한국어판 저작권은 AMO 에이전시를 통해 Litera Libros와 독점 계약한 위즈덤하우스에 있습니다.
저작권법에 의하여 한국 내에서 보호를 받는 저작물이므로 무단 전재 및 복제를 금합니다.

ISBN 979-11-6812-614-5 73540

- 이 책의 전부 또는 일부 내용을 재사용하려면 반드시 사전에 저작권자와 (주)위즈덤하우스의 동의를 받아야 합니다.
- 인쇄·제작 및 유통상의 파본 도서는 구입하신 서점에서 바꿔드립니다. • 책값은 뒤표지에 있습니다.
- 이 책의 사용 연령은 8~13세입니다.

걸 내 몸은 들판이 아니야

소니아 라요스 &
실바나 안드레스 글
후안 베리오 그림
성초림 옮김
권현정 감수

위즈덤하우스

차례

1장 · 기본 계획
어디에 무엇을 건축할까요? 6

2장 · 건축 계획
어떤 건물을 세울까요? 12

3장 · 건축 도면
건축 계획을 그림으로 그려요 14

4장 · 토공사
터를 닦아요 16

5장 · 기초 공사
튼튼한 뿌리를 세워요 18

6장 · 흙막이 공사
흙이 무너지지 않게 벽을 세워요 24

7장 · 기둥 세우기
구조물의 뼈대를 받쳐요 26

8장 · 바닥판 공사
바닥이자 천장인 판을 깔아요 28

9장 · 지붕 공사
꼭대기에 경사면을 만들어요 32

10장 · 벽돌 쌓기
벽을 세워요 34

11장 · 전기 공사
전기 길을 만들어요 36

12장 · 급수 공사
깨끗한 물이 들어오는 길을 만들어요 38

13장 · 배수 공사
더러운 물이 나가는 길을 만들어요 40

14장 · 창호 공사
창문과 문을 달아요 42

15장 · 미장 및 도장 공사
벽과 바닥을 매끄럽게 해요 44

16장 · 외장 공사
겉모습을 아름답게 마무리해요 46

부록
위대한 건축가들 53

추천사
여러분의 삶을 담은 건축물은 어떤 모양인가요? 62

1장 기본 계획
어디에 무엇을 건축할까요?

건축을 계획할 때는 먼저 주변 환경을 파악해야 해요. 건물을 세울 위치가 적절한지, 이 건축이 주변과 조화를 이루는지 등 기존의 환경을 고려해야 좋은 공간 환경을 만들 수 있으니까요.

클라라의 아빠. 이름은 나르시소. 꽃집 주인이에요. 아빠는 아빠의 엄마 (그러니까 클라라의 할머니!)에게서 식물을 사랑하는 마음을 물려받았어요.

클라라의 엄마 이름은 필라르예요. 신문사 편집국에서 일하고 말장난 놀이를 즐겨요.

9개월 된 클라라의 동생 폴이에요. 몸무게는 9킬로그램이고 키는 71센티미터예요. 이 정보가 폴이 누구인지 알려 주는 건 아니지만, 이웃들은 항상 물어보죠.

클라라의 엄마가 클라라에게 이야기를 들려주고 있었어요.

"'벽돌아, 넌 뭐가 되고 싶어?' 하고 어떤 건축가가 벽돌에게 물었어."

엄마의 이야기를 듣던 클라라가 손을 휘휘 내저으며 소리쳤어요.

"에에? 벽돌에게 질문을 하다니 말도 안 돼요."

"클라라, 이건 특별한 표현 방식이야. 건축가도 벽돌의 답을 기대하지 않아. 건축 재료 하나하나를 존중하는 마음을 표현한 거지."

"그럼 그건 그렇다 쳐요, 엄마. 그런데 벽돌한테 뭐가 되고 싶냐니요? 벽돌이 벽 말고 다른 것도 될 수 있나요?"

"그럼! 무지개 모양의 아치가 될 수도 있고, 반구 모양의 지붕인 돔이 될 수도 있지. 클라라, 벽을 세워야만 건축인 건 아니야. 건축은 공간을 바꾸는 변화의 시작이란다."

클라라의 할머니

클라라의 할아버지

할아버지의 이름은 우르바노예요. 항상 셔츠 주머니에 연필을 꽂고 다녀요. 아이디어가 떠오르면 잊지 않고 적어 두려고요.

할머니 이름은 알무데나예요. 초록색을 가장 좋아해요. 식물을 정성스럽게 돌보죠.

우리의 주인공 클라라

"건축은 변화의 시작이다."

클라라는 이 문장을 시작으로 연구 프로젝트 제안서를 쓰기 시작했어요. '건축'을 연구 주제로 제안하자고 결정했죠! 그동안 수업 시간에 흥미를 느꼈던 항공, 꿀벌의 비밀 같은 주제들도 함께 놓고 좀 고민을 하긴 했어요. 그런데 동네에 새로운 건물이 올라간다는 소식을 듣고 건축에 엄청난 호기심이 생긴 거예요.

연구 프로젝트는 클라라네 학교에서 학기마다 진행하는 특별 수업이에요. 주제를 하나 정해서 반 친구들이 함께 연구하지요.

드디어 연구 주제를 결정하는 날이 왔어요. 클라라가 준비한 제안서를 발표했지요.

"나는 건물이 어떻게 지어지는지 알아보면 좋겠어. 오래전에 건축 일을 하셨던 우리 할아버지가 도와주실 거야."

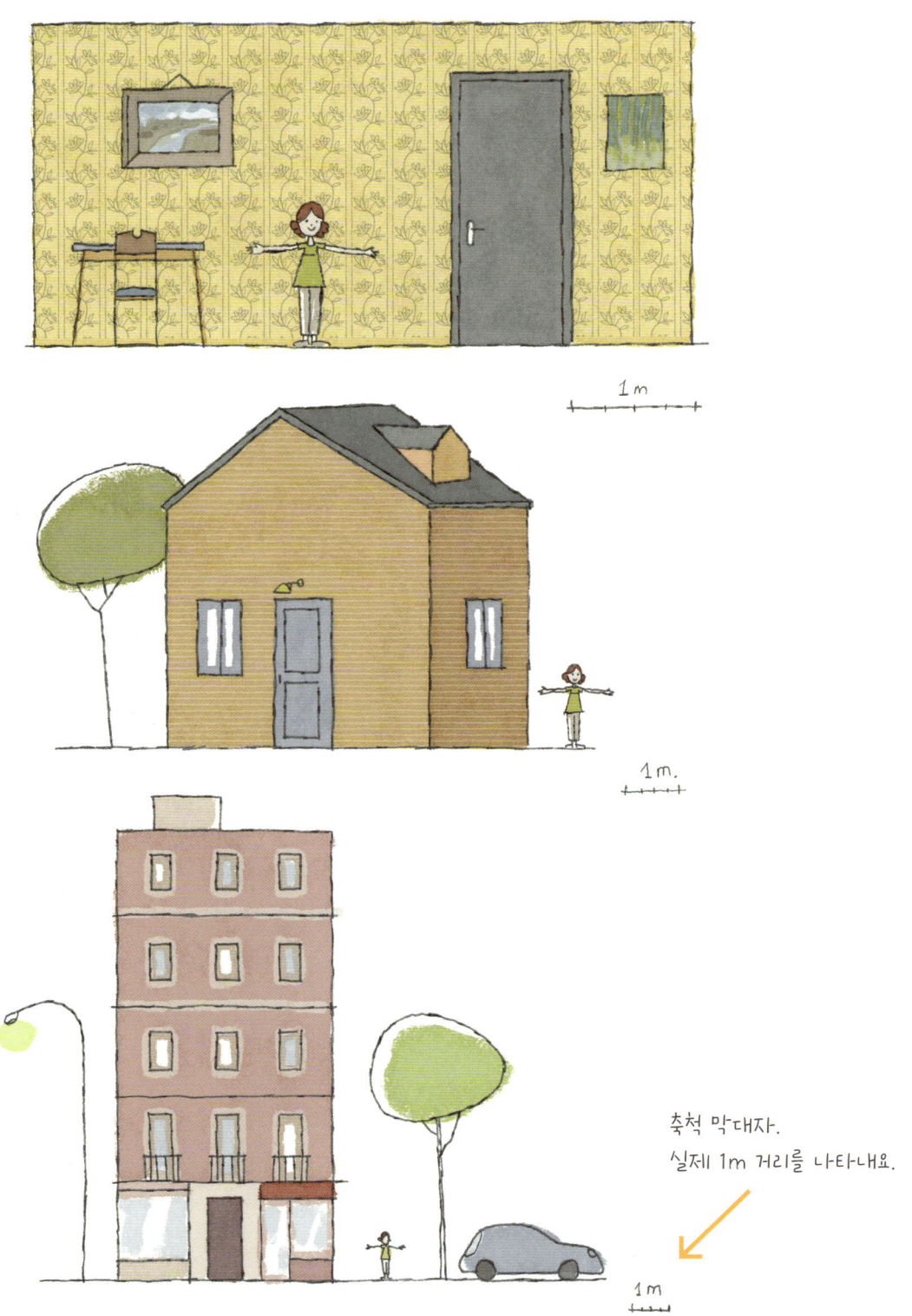

축척 막대자.
실제 1m 거리를 나타내요.

다른 친구들이 제안한 주제에 대해서도 이야기를 나누었어요. 그리고 마침내 연구 주제를 결정할 투표 시간이 되었어요.

건축: 찬성 18표, 반대 2표, 기권 3표

가장 많은 찬성표를 얻었어요! 이렇게 해서 이번 학기 연구 프로젝트 주제는 '건축'으로 결정되었지요.

클라라는 투표 결과에 신이 났지만 약간 긴장되기도 했어요.

해야 할 일이 너무 많았죠. 우선은 얼른 집에 가서 할아버지에게 이 사실을 알리고 싶었어요!

클라라는 블록으로 집 짓는 놀이를 즐겨요.
집을 올리면서 수많은 상상의 나래를 펼치죠.

동생 폴도 클라라와 함께 놀아요. 블록을
꺼내 주거나, 다 지은 집을 무너뜨리면서요.
가끔은 아직 다 짓지도 않은 집을 무너뜨려서
클라라를 울상 짓게 하죠.

← 공동 주택 모형

← 단독 주택 모형

스페인 바르셀로나의 도시 형태

스페인 마드리드의 도시 형태

도시를 설계하는 건축가를 '도시 계획가'라고 해요. 도시 계획가들은 도시의 토지 사용 계획을 세우고 또 어디에 어떤 시설을 지을지 결정해요. 땅을 주거용(집), 산업용(공장), 비주거용(학교, 병원 등), 제3구역(사무실, 개인 병원 등), 녹지용(공원 등)으로 구별하지요. 도시의 토지 중에는 사용할 수 없는 곳도 있어요. 호수나 강 주변의 자연을 보존하고 동식물을 보호하기 위해 건축을 금지하는 개발 금지 구역이죠. 사람마다 지문이 다르듯이 도시 형태도 저마다 달라요.

왼쪽 도면에서 가장 잘 정돈된 도시는 도시 계획가가 설계한 바르셀로나와 뉴욕이에요. 마드리드나 로마처럼 오랜 역사를 간직한 도시들은 훨씬 더 무질서해 보이죠.

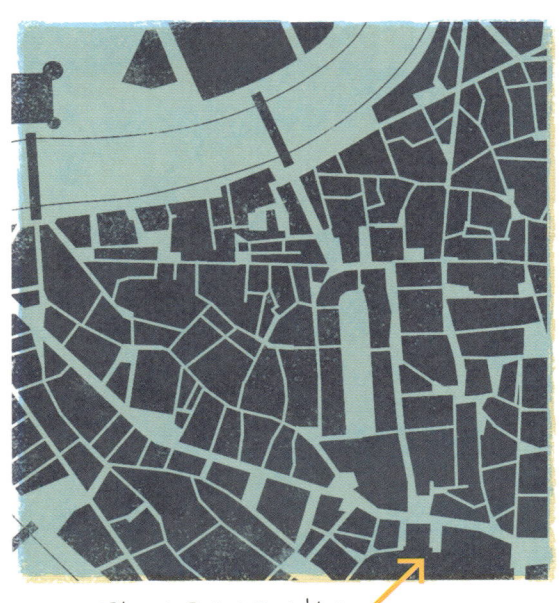

미국 뉴욕의 도시 형태

이탈리아 로마의 도시 형태

클라라는 스페인 바르셀로나에 살아요. 할아버지는 바르셀로나의 역사에 대한 흥미로운 이야기를 클라라에게 해 줬어요. 맨 처음 로마인들은 이 도시를 체스 판처럼 격자 모양으로 설계해 지었다고 해요. 그런데 수백 년 뒤 아랍인들이 들어와 거리와 광장들을 거미줄 같은 모양으로 바꾸어 놓았대요.

클라라는 이 거미줄 같은 구시가지의 거리를 걷는 걸 좋아해요. 햇빛이 잘 들지 않는 미로 같아서요. 그 주변으로 도시 팽창 때문에 생겨난 신시가지는 훨씬 반듯반듯하고 널찍해요. 그런데도 클라라는 구시가지에서보다 신시가지에서 길찾기를 더 어려워해요. 모두 비슷비슷한 모습을 하고 있다면서요. 길을 잃지 않으려면 두 눈을 크게 뜨고 주변을 잘 살피면서 걸어야 해요. 아주 자세히 보면 조금씩 다 다르거든요.

클라라가 프로젝트 제안서 첫 문장에서 말했듯이 "건축은 변화의 시작"이에요. 새로운 건물 하나만 올라가도 주변의 모든 것이 바뀌게 되죠. 거리의 모습도, 거리를 비추는 햇살과 그늘이 드리우는 모습도 달라져요. 그리고 사람들! 그 공간에 사는 사람들도 달라진답니다.

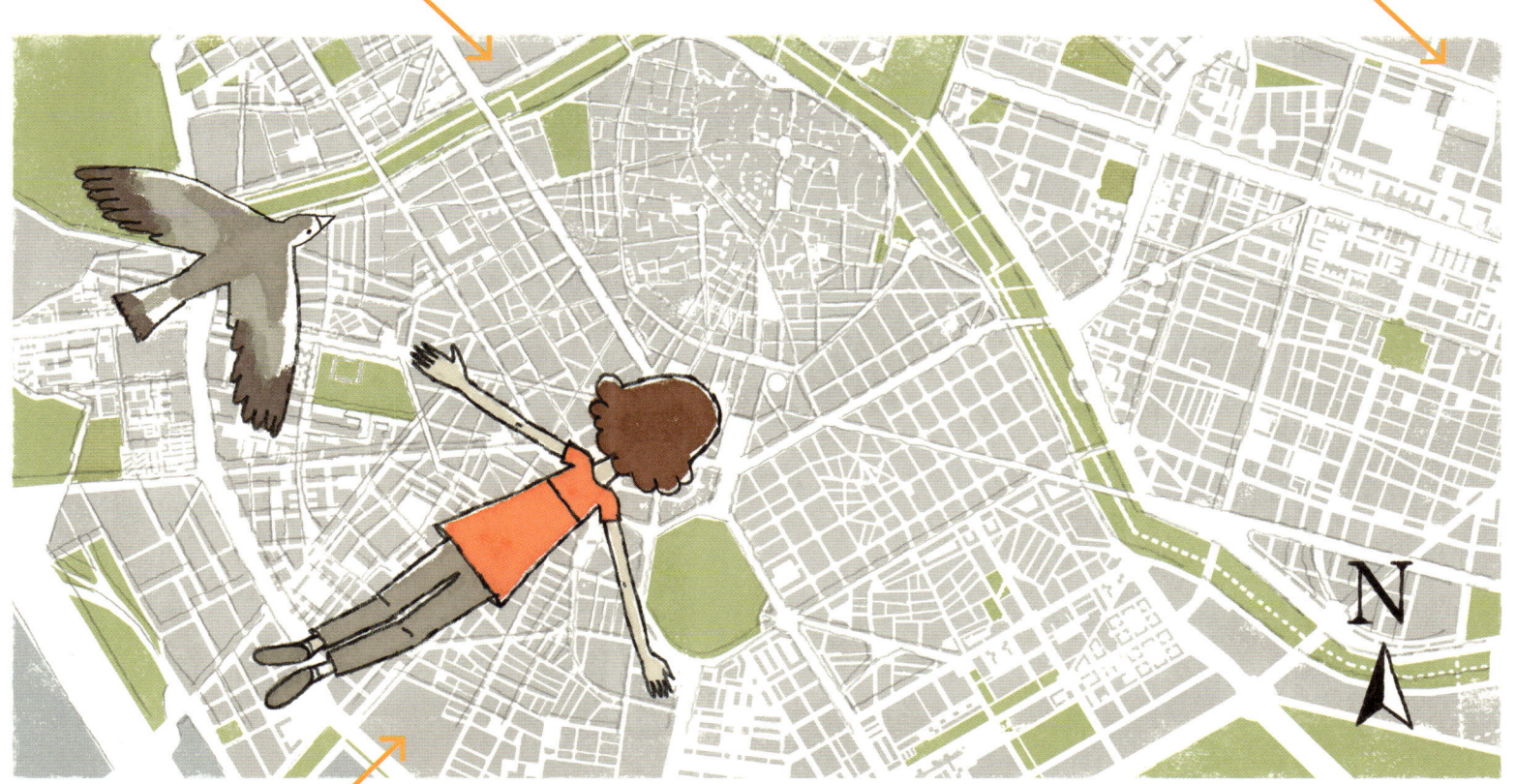

우리가 새처럼 날 수 있다면 이렇게 도시의 형태를 한눈에 볼 수 있을 거예요.

이쪽이 동쪽이에요. 해는 동쪽에서 뜨고 서쪽으로 져요.

가끔 클라라는 날아다니는 꿈을 꾸곤 해요. 가끔 클라라는 새들도 꿈을 꿀까 생각하곤 하지요. "할머니가 그러는데 꿈을 많이 꾸는 건 좋은 거래요."

우리는 이런 지도를 통해 도시 형태를 확인해요. 지도에서는 위쪽이 항상 북쪽이에요. 지도에서 'N'은 북쪽(North)을 뜻한답니다.

2장 ◆ 건축 계획

어떤 건물을 세울까요?

건물을 세우려면 미리 시청, 군청 같은 행정 기관에서 건축 허가를 받아야 해요. 꼼꼼하게 건축 계획 도면을 만들어 제출해야 하죠. 이 허가 절차를 통해 건축 규정을 지킬 거라고 약속하는 거예요. ◆

여기는 바르셀로나 신시가지, 곧 건축 공사가 시작될 곳이에요. 클라라는 공사장 바로 옆 ㅅ자 모양의 지붕이 있는 건물 4층에 부모님과 함께 살고 있어요. 같은 건물 2층에 할머니 할아버지가 살죠. 1층에는 키토 아저씨의 레스토랑이 있어요. 그런데 지금 키토 아저씨는 약간 화가 나 있어요. 건물 공사 때문에 중장비가 들어와야 해서 인도에 약간 걸쳐 있는 테라스를 철거해야 했거든요.

클라라는 이미 건축 연구 프로젝트를 위한 조사에 들어갔어요. 오늘은 아드리안이랑 마르코와 함께 마누엘라 건축가를 인터뷰하러 갔어요. 마누엘라 건축가의 팀이 건물 전체의 설계를 담당하고 있거든요. 팀원들은 각각 맡은 역할이 달라요. 설계사는 컴퓨터로 설계 도면을 그리고, 감독자는 도면에 맞게 공사가 이루어지는지 감독해요. 엔지니어는 건물 설비를 디자인하고, 측량사는 땅의 넓이와 깊이 등을 재지요.

3장 ◆ 건축 도면

건축 계획을 그림으로 그려요

건축 도면은 건축사 사무소에서 설계한 건물을 공사를 담당하는 시공사가 설계대로 지을 수 있도록 해 주는 그림이에요. 그러니까 건물 조립 설명서라고 할 수 있죠. ◆

　마누엘라 건축가가 커다란 도면을 꺼내 보여 주었어요. 선들이 복잡하게 그려져 있어서 클라라는 처음에 무슨 그림인지 알아보기 힘들었지요.

　"학생들! 가까이 와서 이 도면을 봐요. 건물 지붕을 뜯어내고 안을 들여다보는 것 같은 그림이에요. 계단이랑 엘리베이터를 가운데 두고 양쪽에 집이 한 채씩 있어요. 방들은 건물 안쪽에 있지요. 그래야 밤에 자동차 소리가 들리지 않고 조용하거든요. 물을 쓰는 주방과 화장실은 서로 가까이 배치했어요. 배관을 길게 늘이지 않기 위해서요. 거실은 거리를 향해 있는데 전면에 큰 유리창을 달아 햇빛이 많이 들어오게 했어요. 각 공간의 크기는 기능에 따라 정해집니다. 여럿이 동시에 사용하는 공간은 크게 하고, 한 번에 한 사람, 많아야 두 사람이 들어가는 욕실은 작게 만들죠. 이 도면에서 어느 공간이 가장 큰지 한번 볼래요?"

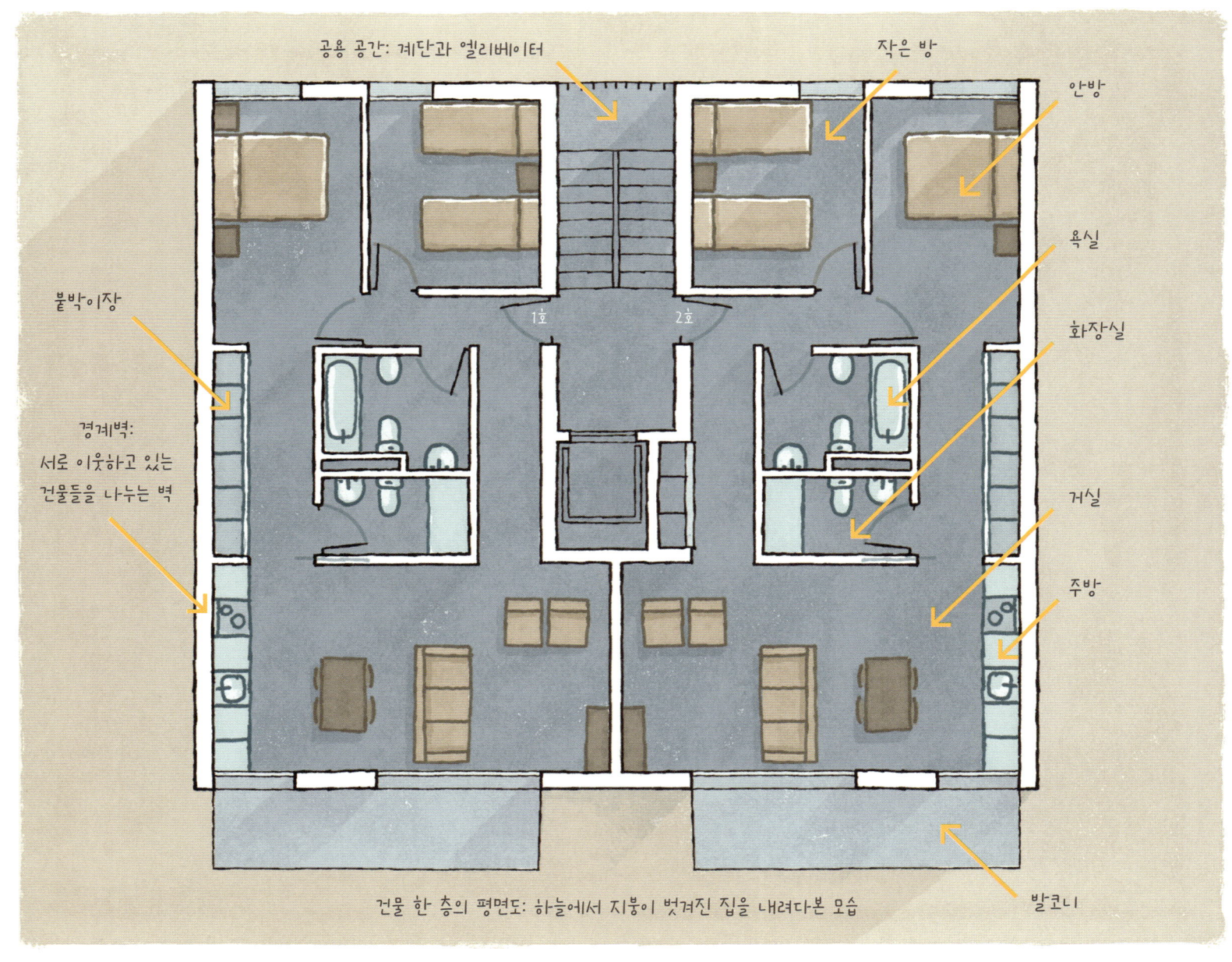

건물 한 층의 평면도: 하늘에서 지붕이 벗겨진 집을 내려다본 모습

4장 토공사
터를 닦아요

건축 공사를 위해 구덩이를 파고, 구덩이를 메우고, 흙을 쌓고, 땅을 고르는 등 땅에 하는 모든 작업을 토공사라고 말해요.

클라라만 건축 공사에 관심이 많은 게 아니었어요. 우르바노 할아버지도 클라라와 함께 첫날부터 공사 과정을 유심히 관찰하고 있었죠. 두 사람 모두 공사장에서 일어나는 일을 하나도 놓치고 싶지 않았어요.

"할아버지, 봤어요? 교실에서 쓰는 것 같은 하얀 분필로 땅에 선을 그리고 있어요."

"그래, 클라라. 도면의 그림을 땅 크기에 맞게 옮겨 그리는 거야. 도면의 그림은 일정한 비율로 줄여서 나타내잖아? 그걸 땅에 실제 크기로 옮겨 그리는 거지. 이 작업을 레이아웃 또는 먹매김이라고 해."

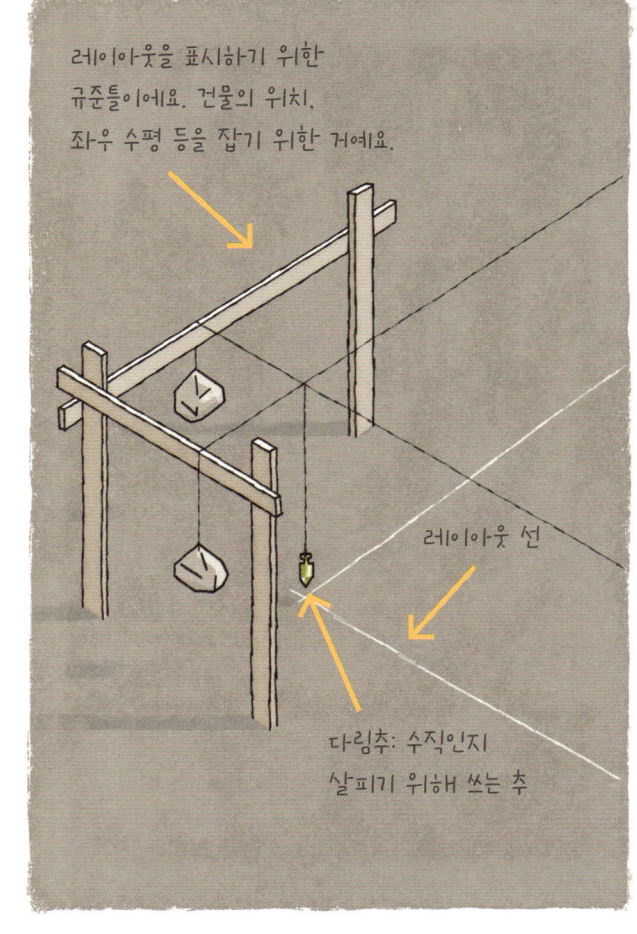

레이아웃을 표시하기 위한 규준틀이에요. 건물의 위치, 좌우 수평 등을 잡기 위한 거예요.

레이아웃 선

다림추: 수직인지 살피기 위해 쓰는 추

부지 정리
- **청소**: 굴착기 등 기계의 도움을 받아 잡초, 쓰레기 등을 치워요.
- **안전 울타리 치기**: 사고를 막기 위해 울타리를 설치해요.
- **레이아웃 작업**: 구조물의 크기를 표시하고 선을 그어요.

구덩이 파기
공사에 필요한 만큼 땅을 파서 흙을 퍼내요.

5장 ◆ 기초 공사
튼튼한 뿌리를 세워요

할아버지가 공사장 바닥을 가리키며 말했어요.
"클라라, 이것 보렴, 건물도 나무처럼 뿌리가 있어."
"바람 불 때 날아가지 않도록 말이죠?"
"그렇지. 건물이 클수록 기초도 커야 해."
"사람이랑 똑같은 거죠? 제 발이랑 비교하면 할아버지 발은 정말 크잖아요."
"딱 맞는 비유구나, 클라라. 그런데 건물의 발과 같은 이 기초는 건물이 움직이지 않도록 땅속에 파묻혀 있지."

기초 공사는 건물을 지탱할 수 있도록 밑바닥을 튼튼히 하는 거예요. 비바람 같은 외부의 힘 또는 건물 자체의 무게를 땅에 안전하게 고루 나누기 위해서죠. 그러려면 기둥이나 벽 같은 건물 뼈대와 땅 사이를 이어 주어야 하는데, 이것을 '기초'라고 불러요. 기초는 건물을 안정적으로 서 있게 해 주죠. ◆

우리 몸도 일종의 구조물이에요. 그런데 건물은 걸어 다니지 않으니까 기초를 튼튼히 해서 땅에 잘 자리 잡아야 해요.

- 기둥과 기둥 사이의 공간(베이)
- 기둥
- 바닥판
- 기초

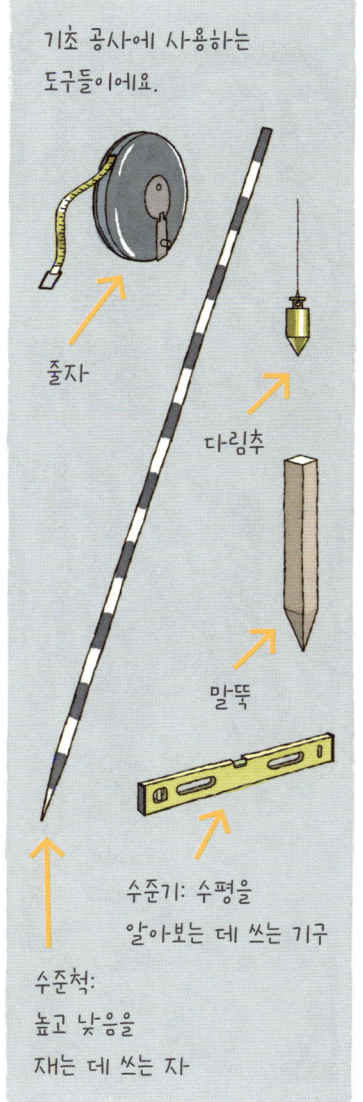

기초 공사에 사용하는 도구들이에요.

- 줄자
- 다림추
- 말뚝
- 수준기: 수평을 알아보는 데 쓰는 기구
- 수준척: 높고 낮음을 재는 데 쓰는 자

콘크리트를 만드는 일은 간단해요. 물과 시멘트, 모래, 자갈만 있으면 되지요. 그런데 정확한 양의 재료를 잘 섞고 또 계속 흔들어 주는 게 중요해요. 일단 반죽이 다 되면 틀에 붓죠. 케이크 굽는 일과 비슷하다고 할 수 있어요.

"클라라, 케이크 굽는 것 좀 도와줄래?"

엄마의 부탁을 듣자마자 클라라의 머릿속이 번쩍했어요.

"엄마, 방금 좋은 아이디어가 떠올랐어요. 케이크를 하나 건축하는 거예요! 밀가루는 시멘트, 아몬드는 모래, 코코넛 우유는 물이라고 생각하고 콘크리트를 만들면 되잖아요!"

"제빵 틀은 거푸집이 되고? 그러면 초콜릿 토핑을 지붕으로 쓰면 되겠네!"

"네, 조리법은 건축 도면이 되고요! 와, 프로젝트 보고서 내용이 다 나왔네요."

"갑자기 프로젝트 보고서라니 무슨 말이니, 클라라?"

"학교 연구 프로젝트 말이에요. 보고서를 발표할 때 케이크를 이용해서 건축 재료랑 건축 단계를 설명하려고요."

"음, 케이크는 건축물이 아니라는 거 알지?"

"엄마, 제발! 상상력을 좀 발휘해 봐요!"

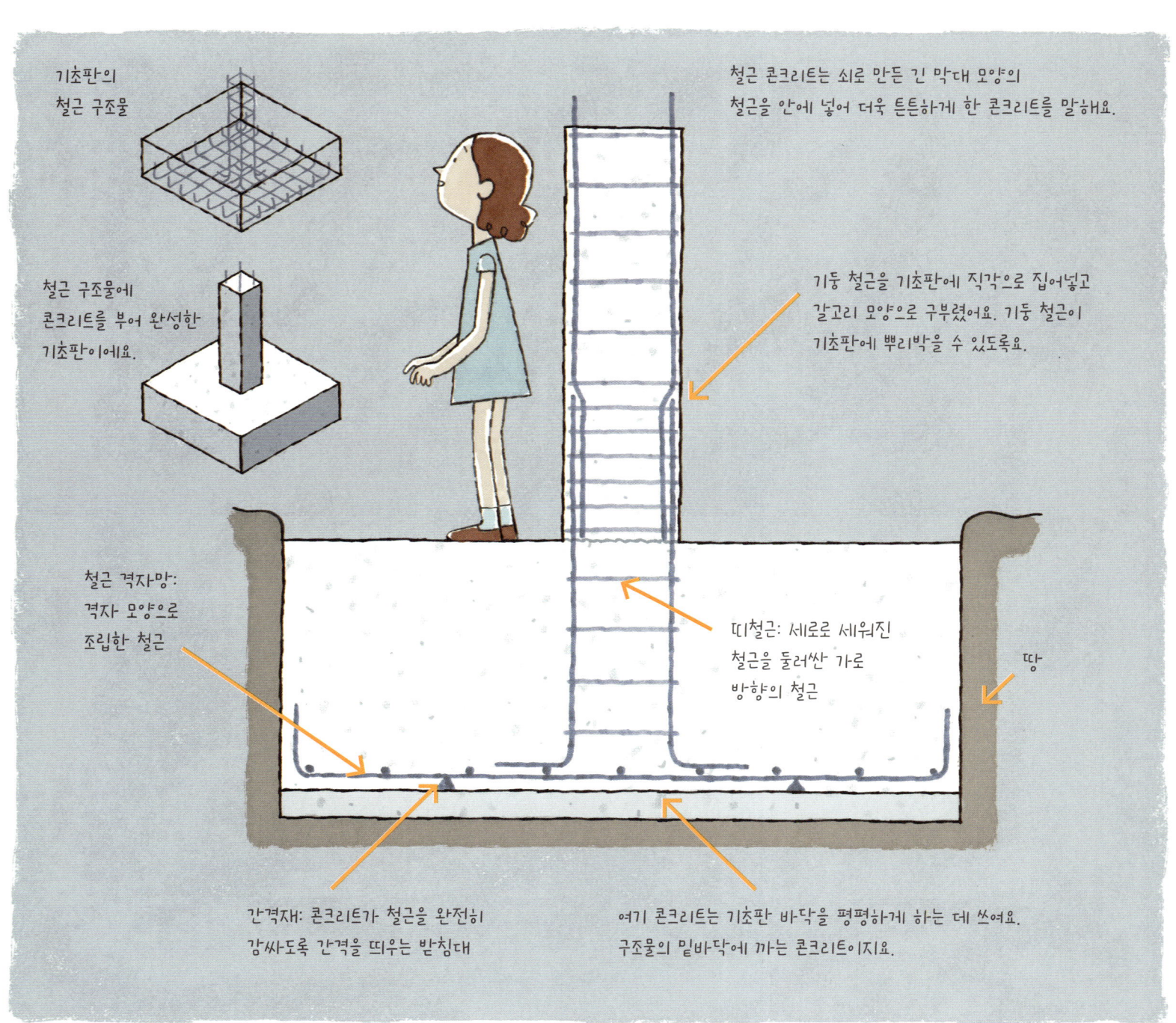

클라라네 그룹은 연구 프로젝트 자료를 찾기가 쉬웠어요. 동네에 공사 중인 건물이 있었으니까요.

"우리 집 옆에 짓고 있는 건물인데, 이제 막 구조물을 세우기 시작했어."

클라라의 말에 친구 우고가 물었어요.

"구조물이 뭐야?"

"우리 몸의 뼈대 같은 거야. 그런데 우리 몸이랑 다르게 건물은 움직이면 안 되잖아. 그래서 기초를 땅속에 튼튼히 고정해야 하거든. 나무에서 뿌리가 하는 일과 같아."

"그러니까 네가 지금 타고 있는 그네의 기둥처럼 말이지? 그네 기둥이 움직이면 네가 떨어질 테니까?"

우고는 클라라에게 질문을 던지고 한마디를 덧붙였어요.

"그런데 클라라, 건물이 걸어 다니면 더 재밌을 거 같아."

요즘 건물은 대부분 철근 콘크리트로 지어요. 철근과 콘크리트가 결합하면 원래 상태 그대로 오래 견디는 성질(내구성)이 높아지기 때문이에요.
콘크리트는 압축을 견디는 힘(압축 강도)이 강하고, 철근은 잡아당기는 힘을 견디는 능력(인장 강도)이 좋아요. 그래서 철근과 콘크리트가 힘을 합하면 양쪽에서 누르는 힘(압축력)과 잡아당기는 힘(인장력)을 잘 견딜 수 있게 되죠.

모든 구조물은 하중을 견디고 있어요. 하중은 물체에 작용하는 외부의 힘을 말하죠.
또 구조물의 각 부분에는 외부 힘의 작용에 저항하여 원래 꼴을 지키려는 힘(응력)이 생겨요.

6장 ❖ 흙막이 공사

흙이 무너지지 않게 벽을 세워요

공사장 구덩이 주변의 땅이 쏟아지지 않도록 벽을 세워 막아 주는 것을 흙막이 공사라고 해요. 이 벽을 옹벽이라고 하는데, 옹벽은 건물 바깥을 감싸는 커튼 역할을 해요. 그런데 땅 아래에 있지요. ❖

클라라는 할아버지네 집 발코니에서 공사를 지켜보고 있었어요. 집 안쪽에서 할머니가 클라라를 불렀어요.
"클라라, 화분 갈이 좀 도와줄래?"
"그럼요, 할머니! 전 흙 만지는 게 정말 좋아요."
"이 뿌리 좀 보렴. 화분 갈아 달라고 아우성치는구나."
"저처럼 목소리가 큰 식물이군요. 아빠는 저더러 고래고래 소리 지르면서 말한다고 해요."
"네 아빠도 네 나이 때 너랑 똑같았어. 내가 일하던 도서관에 데리고 가면 '고래고래 소리 질러 대는 사서 선생님 아들'이라고 불렸지. 하지만 사람들이 과장한 거야. 네 아빠는 그저 아주 명랑한 아이였어. 너처럼 말이지."
"할머니, 화분에 흙을 가득 채우지 말고 몇 센티미터는 남겨 둬야 해요. 꼭대기까지 흙을 채우면 물을 줄 때 화분 밖으로 물이 넘칠 거예요."
"그래, 맞아. 화분에 준 물이 넘쳐 아래층 레스토랑 손님 머리로 떨어진 날 키토 씨가 어찌나 화를 내던지!"
"키토 아저씨도 좀 과장하는 편인가요?"
"그렇다고 봐야지. 겨우 몇 방울 떨어진 것뿐이었거든."
"하하하, 할머니! 그건 아니에요. 그날 보도블록에 엄청나게 큰 물웅덩이가 생겼었다고요."

7장 기둥 세우기
구조물의 뼈대를 받쳐요

기둥은 구조물에서 바닥판을 떠받쳐요. 기둥은 보통 철근 콘크리트로 되어 있지요. 콘크리트는 공장에서 만들어서, 레미콘이라고도 부르는 믹서 트럭으로 운반해요.

클라라와 할아버지는 공사의 세세한 부분까지 모두 관찰했어요.

"클라라, 레미콘 뒤쪽에 달린 통이 한 방향으로 계속 도는 거 보여? 안에 든 콘크리트가 굳거나 덩어리지지 않도록 하려는 거야. 저 통을 드럼이라고 해. 드럼이 반대쪽으로 돌면 콘크리트가 밖으로 나오지. 그때 작업자들은 콘크리트가 한곳에 쌓이지 않도록 밀대로 쓸어 주면서 평평하게 해 줘야 해."

"저라면 레미콘에 케이크 크림을 잔뜩 채울 거예요. 그럼 그 주변에는 제빵사 모자를 쓰고 앞치마를 두른 분들이 있겠네요!"

"하하하, 클라라, 그거 멋진 상상이구나."

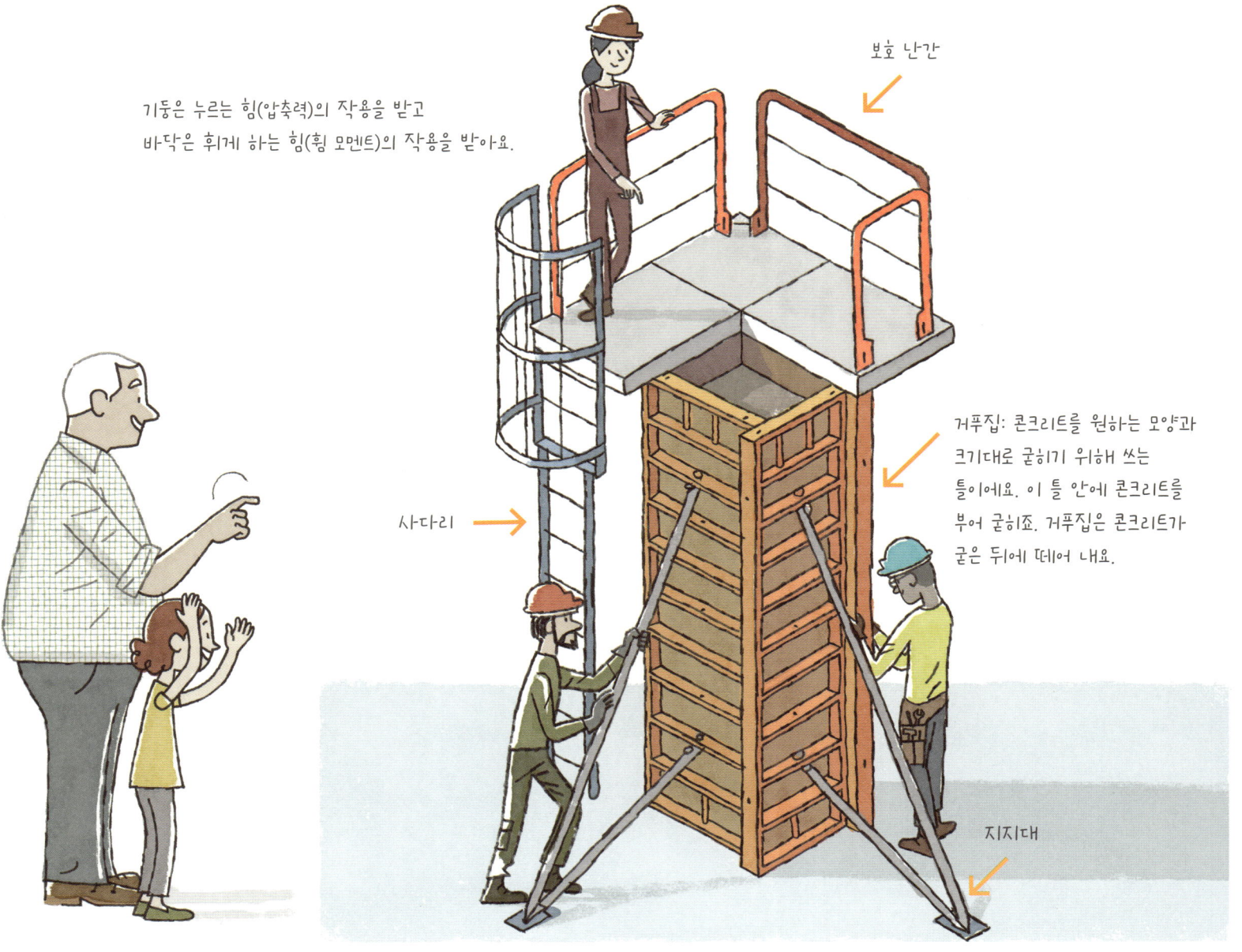

기둥은 누르는 힘(압축력)의 작용을 받고 바닥은 휘게 하는 힘(휨 모멘트)의 작용을 받아요.

보호 난간

사다리

거푸집: 콘크리트를 원하는 모양과 크기대로 굳히기 위해 쓰는 틀이에요. 이 틀 안에 콘크리트를 부어 굳히죠. 거푸집은 콘크리트가 굳은 뒤에 떼어 내요.

지지대

8장 ◆ 바닥판 공사

바닥이자 천장인 판을 깔아요

바닥판은 벽, 가전제품, 가구, 우리 몸 등의 무게를 견디는 구조물의 뼈대예요. '슬래브'라고도 부르지요. 우리는 바닥판 위를 걸어 다녀요. ◆

클라라는 집 짓는 놀이를 좋아해요. 바닥, 벽, 지붕이 있는 건물들을 각각 다른 높이로 세우는 거죠. 이번 건축 연구 프로젝트를 하면서 알게 된 건데, 놀이할 때 세운 것들은 다 전문적인 이름들이 있었어요. 기둥, 바닥판, 내벽, 천창(지붕에 낸 창문), 지붕 등등요.

집 짓는 놀이를 할 때마다 클라라는 자기만의 작은 세상을 만들고 그 안에 사는 사람들의 생활을 상상하곤 했어요. 그런데 진짜로 동네에 새로운 건물을 짓기 시작한 거예요! 건물이 한 층 한 층 올라가고 새로운 기계와 도구가 나타날 때마다 몇 시간이고 그걸 보면서 상상의 나래를 펼쳤지요. 그런데 어른들은 꼭 별 중요하지도 않은 일 때문에 그 상상을 방해하곤 했어요.

"클라라, 샤워할 시간이야. 어서, 클라라!"

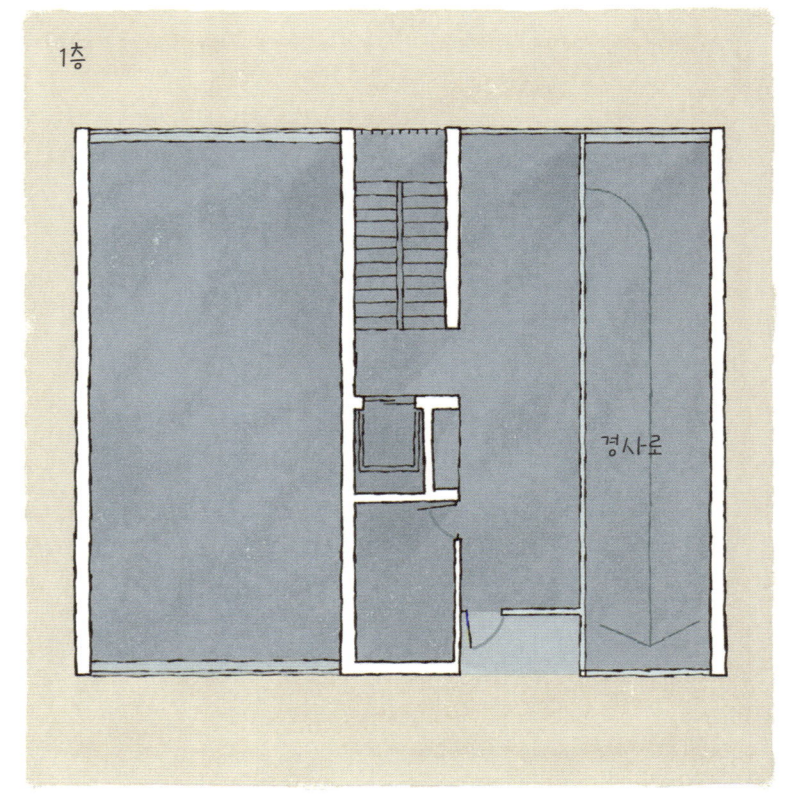

이건 바닥 구조도예요. 바닥 구조를 위에서 내려다본 그림이죠. 작은 보는 큰 보 위에 얹혀 있고, 큰 보는 기둥 위에 얹혀 있어요. 계단이 들어갈 계단실과 엘리베이터가 들어갈 승강기 통도 표시되어 있네요. 건물을 짓는 건 클라라의 집짓기 놀이와 크게 다르지 않아요. 하지만 진짜로 건축을 하는 게 훨씬 쉽답니다. 엄청나게 다양한 기계들 덕분에 쉽고 간단하게 일을 할 수 있거든요.

"엄마, 얼른 와 봐요, 트럭 크레인이 왔어요. 넘어지지 말라고 바닥에 안정 장치를 네 개나 세워 뒀다고요. 와, 건물 4층 높이까지 건축 재료들을 번쩍 들어 올리는 것 좀 봐요. 트럭 크레인은 정말 멋진 거 같아요."

"내가 크-레-인이다, 클라라. 내가 널 집어 올릴 테다!!!"

캔틸레버는 발코니처럼 바닥에서 밖으로 내밀어진 부분에 쓰이는 보를 말해요. 튀어나온 부분이 넓을수록 휘어지지 않고 버틸 수 있는 힘(휨 응력)이 커야 해서 두께가 두꺼워요.

9장 ◇ 지붕 공사
꼭대기에 경사면을 만들어요

"클라라, 네가 좋아할 만한 게 있어. 건물을 다 짓고 나면 누수 시험을 하게 된단다. 지붕에 수영장처럼 물을 채우고 물이 새는 곳이 없는지 살펴보는 거지."

"정말요, 할아버지? 물을 계속 채워 두면 안 되나요? 그럼 저 건물에 사는 사람들은 수영장이 생기는 거잖아요. 우리 집 건물에도 수영장이 있으면 좋겠어요."

"좋긴 하겠지만 일 년 내내 수영장을 관리하려면 비용이 너무 많이 들어. 그냥 수영장에 가는 게 더 좋을 것 같구나. 안 그렇니?"

"이번엔 할아버지 말에 찬성할 수 없어요."

지붕은 건물의 윗부분을 보호해요. 지붕이 평평하더라도 빗물이 흘러내릴 수 있도록 경사면이 필요해요. 그래서 다음의 재료들을 사용해 지붕 바닥면에 비탈을 만들어 주지요.

- **기포 콘크리트**: 빗물이 흘러내릴 경사면을 만드는 데 써요. 일반 콘크리트보다 가벼워서 지붕에 하중이 크게 실리지 않아요.

- **방수재**: 물이 건물 안으로 들어가는 것을 막아요. 건물용 우산과도 같지요.

- **단열재**: 추위와 더위를 막아 줘요.

- **자갈**: 단열재를 보호하고 빗물을 잘 내보내도록 해요. ◇

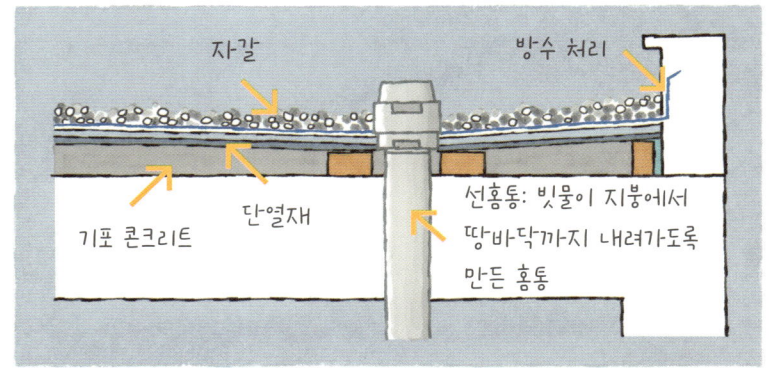

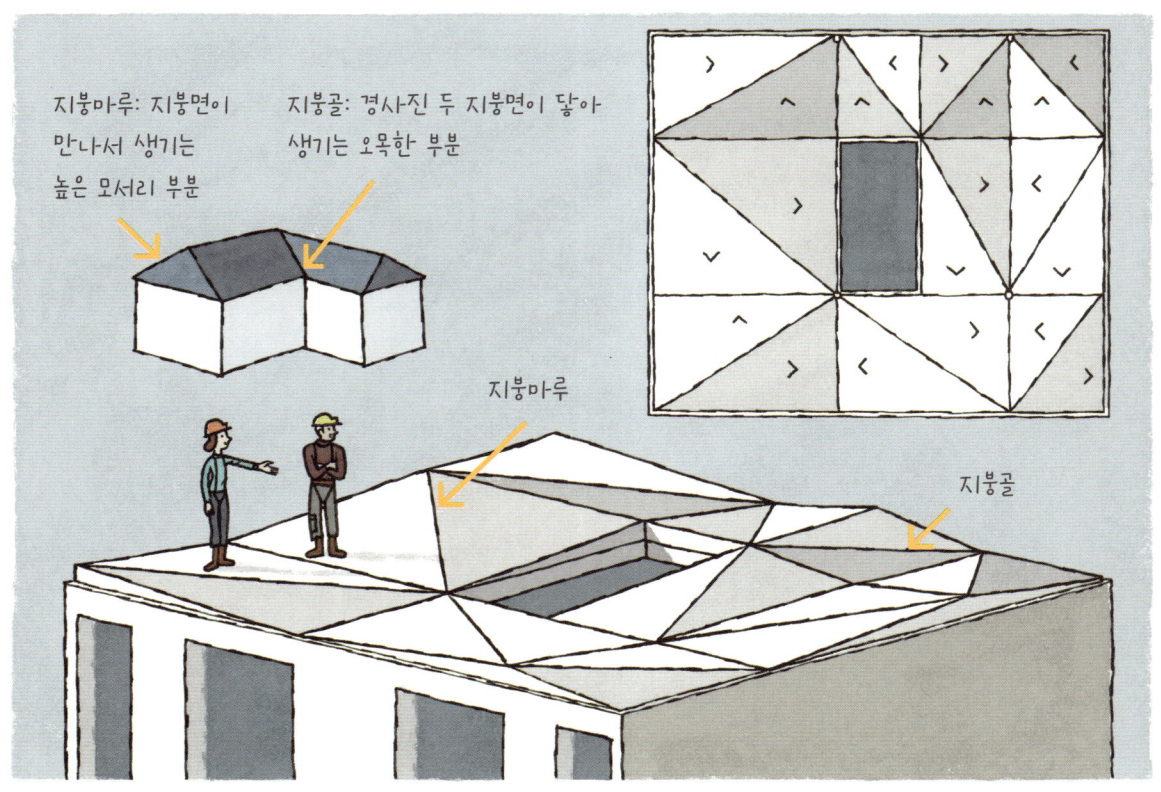

10장 벽돌 쌓기
벽을 세워요

벽은 두 종류로 나눌 수 있어요.
- **외벽**: 건물의 바깥을 둘러싸는 벽
- **내벽**: 내부 공간을 나누는 벽

"만나서 반갑구나, 클라라. 내 이름은 파코란다. 건축 공사에서 벽돌 쌓는 일을 하지."

"벽돌을 쌓아서 칸막이를 만드니 건물이 꼭 미로가 된 것 같아요."

"그런 생각은 해 보지 않았는데……. 넌 나중에 건축 일을 하고 싶니?"

"그건 아직 생각해 보지 않았어요. 하지만 트럭 레미콘은 하나 갖고 싶어요. 우리 집 지붕에 물을 채워서 수영장을 만들고 싶기도 하고요."

외벽은 내벽보다 훨씬 두꺼워요. 보통 벽돌을 두 겹 쌓는데, 그 사이에 더위와 추위를 피할 수 있도록 단열재를 넣지요. 내벽은 벽돌 한 겹이면 충분해요. 벽돌로 벽을 쌓는 것을 '조적'이라고 해요.

11장 ◆ 전기 공사
전기 길을 만들어요

전기 공사는 건물에 전기 에너지를 전달하는 전선을 설치하는 거예요. 보통 벽에 홈을 파서 전기선이 지나갈 길을 만들어요. 전기 에너지의 생산과 소비는 환경에 해롭기 때문에 전기를 절약하고 재생 에너지를 쓸 수 있도록 노력해야 해요. ◆

클라라의 할머니가 공사장에 찾아왔어요.

"안녕하세요? 전 알무데나라고 해요. 도움이 필요해서 왔어요."

사다리 위에서 한참 전선을 설치하던 기사가 할머니 말에 답했어요.

"안녕하세요! 저는 전기 기사 암페어입니다. 뭘 도와드릴까요? 전기에 문제가 있나요?"

"저런, 전기 문제가 아니에요. 주방에 타일이 하나 깨져서 새 타일로 바꾸려는데 시멘트가 좀 필요해요."

"그럼 몇 주 뒤에 오시겠어요? 그때 미장공들이 시멘트를 가지고 올 겁니다. 제가 미리 말해 두겠습니다."

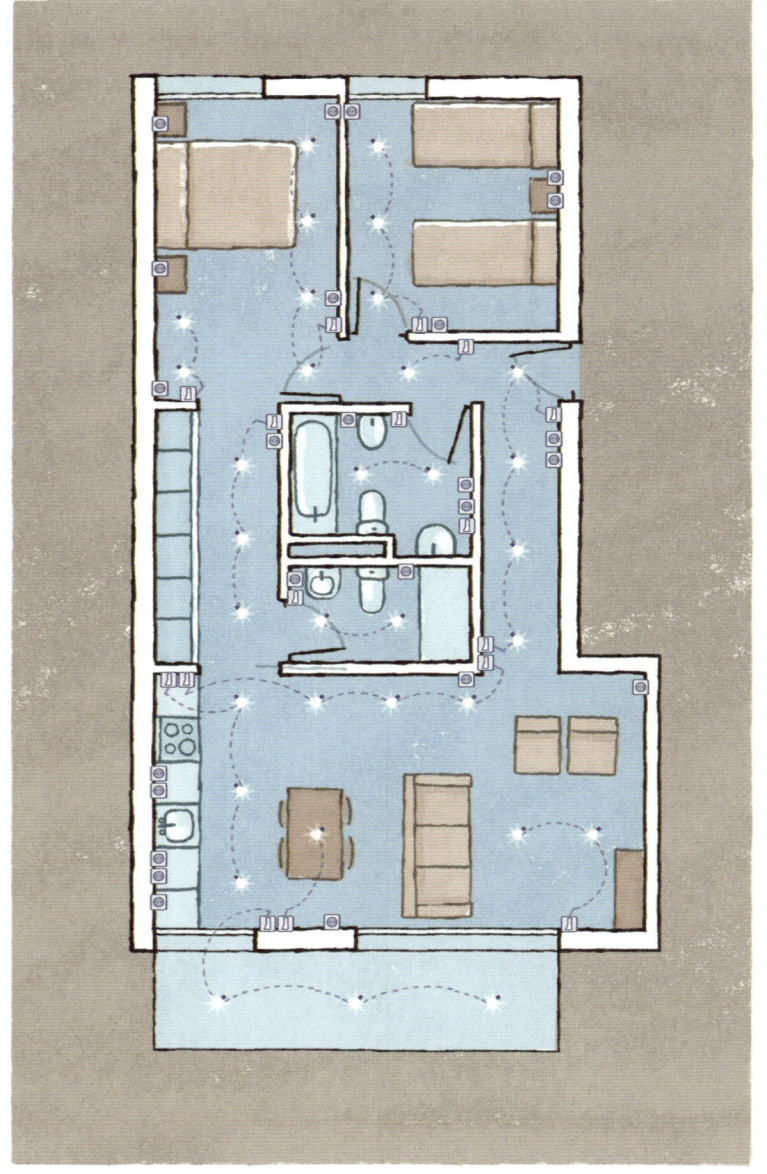

12장 급수 공사

깨끗한 물이 들어오는 길을 만들어요

물은 땅속에 묻혀 있는 상수도관을 통해 건물로 들어와요. 건물 안에 설치된 급수관을 통해 물을 사용하는 다양한 기기에까지 이어지지요.

"여보, 내가 깜박하고 말을 안 했는데 오늘 몇 시간 물이 안 나온다네요."

아빠가 엄마에게 하는 이야기를 듣고 클라라는 화들짝 놀랐어요.

"아빠! 지금요? 오늘 오후에 우리 그룹 애들이 집에 와서 건축 연구 프로젝트에 쓸 케이크를 만들기로 했는데요."

"몇 시간만이라고 그랬어, 클라라. 걱정하지 마."

"그런데 왜 물이 안 나온대요?"

"우리 집뿐만 아니라 동네 전체에 물이 나오지 않을 거야. 전부 다 같은 상수도관을 사용하니까."

"잠깐만요, 그럼 우리 집 수도꼭지에서 나오는 물이랑 우리 동네 애들 집에서 나오는 물이랑 같은 물이라는 말이에요?"

"그래, 똑같은 물이야, 클라라. 그래서 물은 공공재라고 하는 거야."

"우리 모두 같은 수돗물을 쓰는 이웃이네요. 할머니께 가서 말씀드려야겠어요."

……

"할머니, 저예요, 수돗물 이웃 왔어요."

"무슨 이웃이라고?"

13장 ◆ 배수 공사
더러운 물이 나가는 길을 만들어요

"폴, 내일 케이크를 큰 상자에 넣어서 학교에 가져갈 거야. 내 말 듣고 있니? 그래, 네가 무슨 생각하는지 알아. 나도 어렸을 때 내 응가랑 오줌이 어디로 갈까 궁금했었어. 기저귀를 떼면 너도 여기 앉게 될 거야. 네 응가와 오줌은 동네 사람들 응가와 오줌을 다 한데 모으는 길고 긴 관을 따라서 하수 처리장으로 가게 돼."

…….

"아빠! 화장지 떨어졌어요!"

이미 사용한 물은 배수관을 통해 건물 바깥으로 나가요. 배수관에는 더러운 물을 내보내는 오수관, 빗물과 더러운 물을 함께 흘려보내는 하수관이 있지요. 또한 건물 지붕에 떨어진 빗물을 모으는 빗물 배수관도 있어요. ◆

14장 창호 공사

창문과 문을 달아요

창호 공사는 채광, 환기, 통풍, 출입을 위해 창과 문을 짜서 틀에 다는 거예요. 목재, 알루미늄, 철강, 피브이시(PVC) 등 다양한 재료를 사용해요.

"할아버지, 전 예전에는 건축가들이 집을 짓는다고 생각했어요. 하지만 이제는 건축가들이 집을 상상하고 계획을 세우면 창호공, 배관공, 전기 기사, 목수들이 함께 집을 짓는다는 걸 알게 되었어요."

"그렇단다. 건물을 하나 짓는 데 정말 다양한 직업의 사람들이 참여하지. 건축가는 일이 진행되는 것을 감독하고 말이야."

"저는 상상은 많이 하지만 실제로 만들지는 못하는데, 정말 대단들 해요."

"난 많은 걸 만들 수 있지만, 클라라처럼 상상력이 뛰어나지는 못한걸."

"그래서 할아버지랑 저랑은 좋은 팀이 되는 거죠. 둘이서도 못하면 도움을 청하거나 할머니에게 책에서 찾아봐 달라고 하면 되고요."

"네 할머니가 늘 하는 말이지. 모든 건 책에 있다고."

15장 · 미장 및 도장 공사
벽과 바닥을 매끄럽게 해요

미장 공사는 횟가루에 물을 섞은 회반죽, 시멘트와 모래와 물을 섞은 모르타르 등을 벽과 바닥에 바르는 거예요. 이 일은 거친 벽과 바닥을 매끄럽게 만들고 건물의 상태가 오래 지속되게 해요. 도장 공사는 건물 표면을 보호하고 색을 입히는 공사예요. 페인트 등의 재료를 사용해서 벽과 천장을 칠해요.

몇 주 전 공사장에 와서 시멘트를 찾았던 클라라의 할머니가 다시 찾아왔어요. 미장공이 할머니를 맞아 주었어요.
"알무데나 님, 이 정도 시멘트면 충분하시겠어요?"
"충분하고도 남아요. 타일 하나만 붙이면 되거든요."
"어떻게 붙이는지 아세요?"

"네, 알아요. 그런데 남편에게 부탁할 거예요. 남편은 35년 동안 미장공으로 일한 전문가거든요."
"우아, 그럼 저보다 더 경험이 많으시네요."
"지금은 퇴직해서 시간도 많아요. 내일 도넛을 더 가져올게요."

전선을 넣기 위해 파놓은 홈이에요.
분무기로 회반죽을 뿜어 칠해요.
회반죽 두께를 고르게 하기 위한 가로막대예요.

나무 판으로 마룻바닥을 깔아요.

간식용 도넛
바닥 표면을 반반하게 해요.

16장 외장 공사

겉모습을 아름답게 마무리해요

외장 공사는 건축물 겉부분의 마무리 공사를 말해요.

"클라라, 외장 공사가 거의 다 끝나 가는구나. 이제 건물이 자기만의 개성을 갖게 됐어."

"개성이라고요?"

클라라는 잠시 생각에 잠겼다가 할아버지에게 다시 답했어요.

"네, 건물의 얼굴이 보이네요. 창문은 눈이고 문은 입이겠죠?"

"그렇지. 어떤 건물엔 눈썹도 있어. 벽면 위쪽에 띠 모양으로 튀어나온 부분이지. 이걸 돌림띠라고 하는데, 창문으로 물이 들어오지 못하게 막아 줘."

"그렇네요!"

"건물의 기능을 사람 얼굴에 비유하다니! 넌 정말 관찰력이 좋구나, 클라라!"

캔틸레버

테두리에 금속을 댔어요.

마침내 연구 프로젝트 보고서를 발표하는 날이 되었어요. 클라라가 발표할 차례가 왔어요.

"건축에는 주인공이 아주 많다는 것을 배웠습니다. 건물은 건축가 혼자 짓는 게 아니었어요. 아주 많은 사람이 필요하고 모두 다 중요합니다……"

"발표 고마웠어요, 클라라. 우리 반에서 연구 프로젝트를 할 때도 마찬가지라고 생각해요. 각자 생각이 달라 의견을 하나로 모으기 어려울 때도 있지만, 바로 그래서 더 나은 결과가 나오게 되는 거죠. 우리 반은 이번에 아주 환상적인 팀이었어요. 나도 이 프로젝트를 통해 여러분들에게서 많은 것을 배웠답니다."

건축물이 올라가는 중입니다

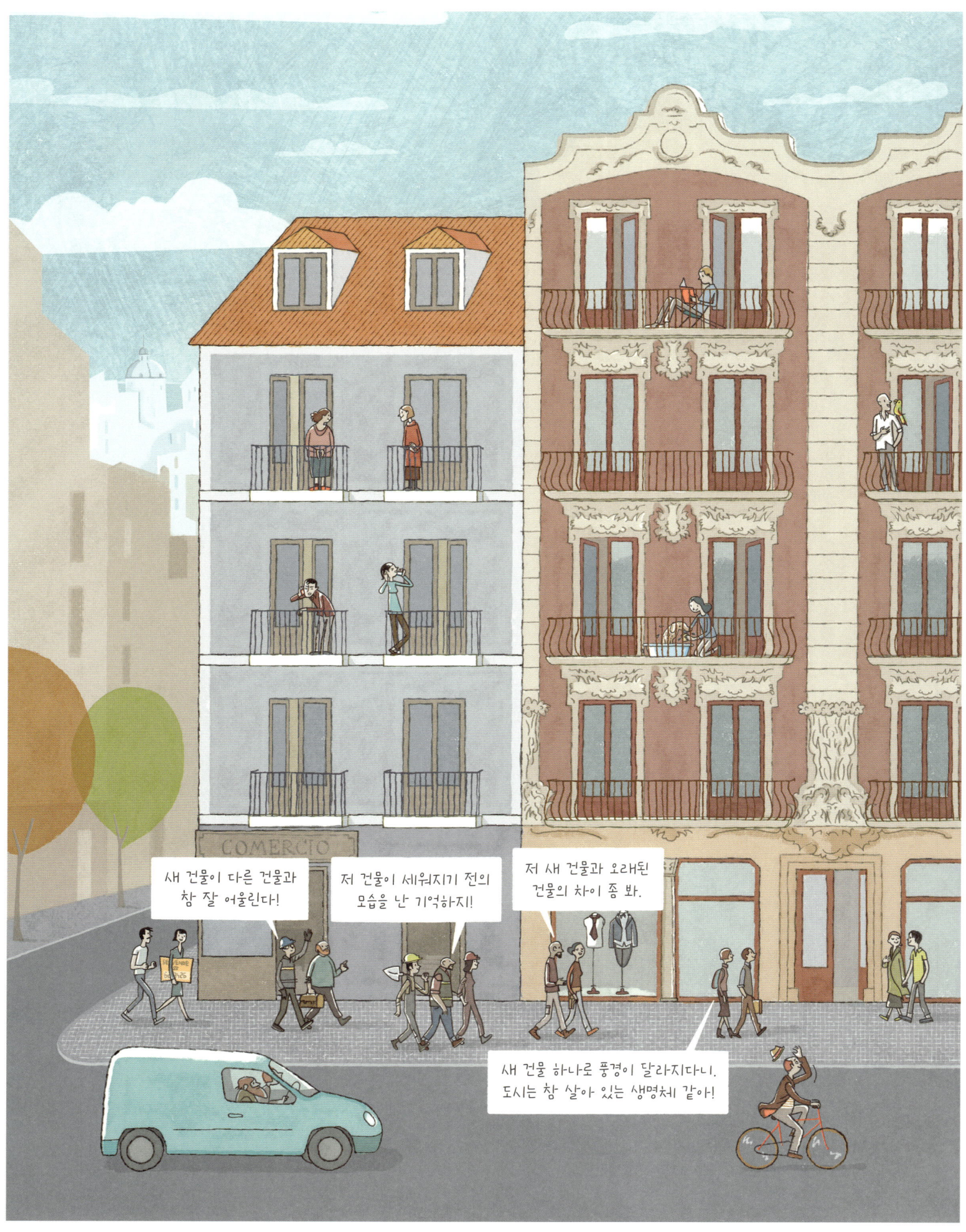

르 코르뷔지에
프랑스 마르세유 <위니테 다비타시옹>
1947~1952년 건축
"집은 인간이 살기 위한 기계이다."

르 코르뷔지에는 집을 치밀한 기계처럼, 가장 효율적으로 지어야 한다고 생각했어요. 이런 철학을 담아 증기선을 닮은 집합 주택, 위니테 다비타시옹을 건축했지요. 옥상 굴뚝을 증기선 굴뚝처럼 만들고, 기둥으로 떠 있는 느낌을 냈어요. 1층과 7-8층, 옥상은 주민들을 위한 공용 공간으로 설계했어요. 1층에는 아파트 입구 홀과 엘리베이터가 있었는데, 여길 뺀 나머지는 모두가 사용할 수 있는 공간이었죠. 옥상에는 유치원, 작은 수영장, 일광욕실, 옥상 정원이 있었어요. 여러 가구가 한 건물에 모여 살게끔 만든 이 집합 주택은 최초의 현대식 아파트라고 할 수 있어요. 12층짜리 이 건축물에 337가구가 들어갔답니다.

아일린 그레이
프랑스 로크브륀느카프마르탱 <E-1027>
1926~1929년 건축
시대를 앞선 건축가

화가, 가구 디자이너로 활동하던 아일린 그레이는 40대 후반에 첫 건축물이자 대표 건축물인 E-1027을 설계했어요. 남프랑스의 바닷가 절벽에 위치한 이 네모난 빌라는 평평한 지붕, 건물을 떠받치는 기둥, 회반죽을 바른 새하얀 벽이 인상적이에요. 훗날 더욱 조명 받은 앞선 모더니즘 건축물이지요. 공간과 사람을 섬세하게 살펴 건물과 내부 가구까지 모두 설계한 것 또한 특별하답니다.

발터 그로피우스
독일 데사우 <바우하우스 빌딩>
1925~1926년 건축
"모든 예술의 결합이 건축"

'바우하우스'는 발터 그로피우스가 세운 예술 학교 이름이에요. 이 학교가 데사우로 자리를 옮기면서 그로피우스는 학교 건물을 새롭게 설계했지요. "모든 예술의 결합이 건축"이라는 철학을 담아 이전과 완전히 다른 건물을 지었어요. 이 건물의 외벽은 유리로 이루어져 있어요. 이전에는 볼 수 없었던 새로운 건축물이었지요.

리나 보 바르디
브라질 상파울루 <상파울루 미술관>
1956~1968년 건축
뿌리의 건축

리나 보 바르디는 이탈리아에서 나고 자라 건축을 공부했는데, 건축가로서의 재능은 브라질에서 펼치게 돼요. 이탈리아 건축에 뿌리를 두었지만, 브라질에서 받은 문화적 영향을 더해 건축물을 지었지요. 대표작인 상파울루 미술관은 커다란 콘크리트 건물을 네 개의 기둥이 받치고 있어요. 건물 1층에 빈 공간을 두어 사람들이 자유롭게 활동할 수 있게 했지요.

알바르 알토 & 엘리사 알토
핀란드 이위베스퀼레 <무라살로 실험 주택>
1952~1953년 건축
벽돌 적조의 거장

이 부부 건축가는 무라살로섬에 놀러 갔다가 이곳에 여름 별장을 지으면서 마음껏 건축 실험을 했어요. 온갖 종류의 벽돌로 벽을 쌓고, 기둥을 자유롭게 여기저기 놓았지요. 앞으로 지을 건축물에 더욱 적합한 벽돌을 선택하려고 자신의 집을 희생한 거예요. 이 실험 주택은 알바르 알토와 엘리사 알토를 세계에서 인정받는 건축가로 만들어 준 중요한 건축물이에요.

루이스 칸
미국 캘리포니아 <소크 생물학 연구소>
1959~1965년 건축
"뭐가 되고 싶니, 벽돌아?"

위의 말은 루이스 칸이 강연 중 '모든 재료는 되고 싶은 무언가가 있다.'라는 것을 전달하기 위해 던진 질문이에요. 재료마다 그 본질을 표현하기에 가장 아름다울 수 있는 구조나 형태가 있다고 했죠. 소크 생물학 연구소는 콘크리트와 목재가 조화를 이룬 겉모양이 인상적이에요. 무엇보다 건물과 건물 사이의 공간이 유명하답니다. 건물이라는 액자 속에 펼쳐진 태평양의 멋진 모습을 감상할 수 있어요.

안도 다다오
독일 바일암라인 <비트라 콘퍼런스 파빌리온>
1991~1993년 건축
기억에 대한 존중

일본인인 안도 다다오의 해외 첫 작품이 비트라 콘퍼런스 파빌리온이에요. 콘크리트를 겉에 그대로 드러내는 노출 콘크리트 마감이 돋보이는 건물이에요. 안도 다다오는 이 건물을 지으면서 어쩔 수 없이 벚나무 세 그루를 베었는데, 그 나무를 기억하기 위해 콘크리트 벽에 나뭇잎 세 장을 새겨 넣었어요. 자연과의 조화를 무척 중요하게 여기는 건축가예요.

자하 하디드
아제르바이잔 바쿠 <헤이다르 알리예프 센터>
2007~2012년 건축
춤추는 건축

자하 하디드는 어디서도 본 적 없는 독창적인 건물을 건축하기로 유명해요. 여기 소개한 건축물, 헤이다르 알리예프 센터도 마치 춤을 추는 듯 역동적이죠.

프랭크 로이드 라이트
미국 펜실베이니아 <폴링워터>
1936~1937년 건축
유기적 건축

프랭크 로이드 라이트는 자연과 조화되는 '유기적 건축'을 추구했어요. 폴링워터는 폭포 위에 건축되어 집 아래로 폭포수가 흐르는 별장 건물이에요. 철근 콘크리트를 바위에 고정하는 방식으로 지어져, 건물이 자연 속에 폭 안긴 듯 보여요.

한스 샤룬
독일 베를린 <베를린 국립 도서관>
1967~1978년 건축
감동을 주는 건축

한스 샤룬은 건물을 지을 때 먼저 그 공간에서 사람들이 어떤 활동을 할지 자세히 조사했어요. 옆 그림은 베를린 국립 도서관 열람실의 풍경이에요. 확 트인 공간이지만 책 읽는 곳, 서고 등 각각 공간의 인상이 다르지요.

페터 춤토르
스위스 그라우뷘덴 <테르메발스 온천>
1993~1996년 건축
환경으로서의 건축

페터 춤토르는 주변 환경과 조화를 이루어 하나의 분위기를 만드는 건축을 추구했어요. 테르메발스 온천 건물은 주변 암반에 폭 묻힌 구조예요. 이 지역에서 나는 규암을 겹겹이 쌓아서 건물 안과 밖의 마감재로 썼지요.

알레한드로 아라베나
칠레 콘스티투시온 <빌라 베르데>
2010~2013년 건축
주거의 권리

알레한드로 아라베나는 가난한 사람을 위해 저렴하게 주택을 지을 아이디어를 냈어요. 건축가는 집의 절반만 짓고, 나머지는 그곳에 살 사람들이 짓는 방식이었죠. 빌라 바르데는 지진과 쓰나미로 살 곳을 잃은 사람들을 위해 지은 '반쪽짜리 집'이에요.

노먼 포스터
미국 뉴욕 <허스트 타워>
2003~2006년 건축
생태 기후학적 마천루

친환경 생태 건축에 대해 오랜 탐색을 해 왔던 노먼 포스터는 허스트 타워를 통해 현대의 건축은 어때야 하는지 지향점을 보여 줬어요. 재료로 쓰인 철의 90퍼센트가 재활용 철이었고, 지붕에 모인 빗물을 건물의 온도 조절에 활용하도록 건축했지요.

세지마 가즈요 & 니시자와 류에
미국 뉴욕 <뉴 뮤지엄>
2005~2007년 건축
투명하고 열린 건축

이 두 콤비 건축가는 공간의 개방성과 연결성을 중요시했어요. 뉴 뮤지엄은 층마다 면적이 달라요. 그래서 테라스를 들여 개방성을 줄 수 있었죠.

자크 헤르조그 & 피에르 드 뫼롱
독일 바일암라인 <비트라하우스>
2007~2010년 건축
재료의 본질을 살리는 건축

친구이자 함께 일하는 파트너인 두 건축가는 건축 재료에서 새로운 가능성을 찾는 데 주목했어요. 비트라하우스는 12채의 집을 이리저리 마구 쌓아 올린 모양이에요. 역동적이고 자유로운 느낌을 주지요.

오스카 니마이어
브라질 리우데자네이루 <니테로이 현대미술관>
1991~1996년 건축
자유롭게 흐르는 곡선의 건축

오스카 니마이어는 곡선을 사용한 가벼운 건축을 추구했어요. 니테로이 현대미술관은 암벽에서 새가 날아오르는 모양이에요. 생기 넘치는 분위기를 연출하죠.

헤르만 헤르츠버거
네덜란드 아펠도른 <센트럴 비히어 본사>
1970~1972년 건축
"건물은 사람에 적응한다."

건축가가 사람에게 애정을 쏟으면 공간의 질이 높아진다고 믿었던 헤르만 헤르츠버거는 공동 주택, 학교, 사무실 같은 생활 공간을 주로 설계했어요. 센트럴 비히어 본사는 보험 회사 건물이었지요.

마누엘 & 프란치스코 아이레스 마테우스
포르투갈 알카세르두살 <노인을 위한 주택>
2008~2010년 건축
빛 아래 청결한 입체

마테우스 형제는 순백색의 건축물들로 깊은 인상을 남겨 왔어요. 특히 빛을 잘 활용해서 따뜻한 느낌을 전해 주었지요. 노인을 위한 주택은 네모난 상자를 교차해 쌓은 모양이에요.

RCR 건축사무소
라파엘 아란다, 카르메 피젬, 라몬 빌랄타
프랑스 로데즈 <술라주 미술관>
2011~2014년 건축
작품, 미술관 그리고 풍경

스페인의 RCR 건축사무소는 장소에 맞는 건물을 짓는 능력을 펼쳐 왔어요. 술라주 미술관은 프랑스의 유명한 화가, 피에르 술라주를 기리는 미술관이에요. 빛을 그리려는 술라주 작품의 특징을 반영해 그 느낌을 주게끔 설계했다고 해요.

루트비히 미스 판 데어 로에
<바르셀로나 만국박람회 독일관>
1928~1929년 건축
**단순성과 엄격함:
"더 적은 것이 더 많은 것이다."**

루트비히 미스 판 데어 로에는 간결하고 단순한 건축을 지향했어요. 바르셀로나 만국박람회 독일관은 바닥에서 천장까지 전면에 유리창을 세웠어요. 벽을 세우고 창을 냈던 이전과 다른 새로운 방법이었죠. 또한 지붕, 기둥 등 최소의 요소만으로 건축물을 구성해, 공간이 갇혀 있지 않고 흐르도록 만들었어요. 사람들이 이곳저곳 자유롭게 돌아다닐 수 있게 했죠. '더 적은 것이 더 많은 것'이라는 자신의 철학을 이렇게 나타낸 거예요.

*루트비히 미스 판 데어 로에

추천사

여러분의 삶을 담은
건축물은 어떤 모양인가요?

안녕하세요, 어린이 친구들!

저는 국제건축가연합(UIA, Union Internationale des Architectes)에서 어린이 건축 교육 프로그램의 한국 대표를 맡고 있는 권현정 건축가입니다. 여러 해 동안 서울시 어린이 건축 학교를 운영하면서 어린이 친구들과 건축 수업을 진행하고 있어요.

건축 수업에서는 우리가 사는 공간과 환경에 대해서, 또 주변의 건축물에 대해서 배우는 시간을 갖습니다. 수업에 참여한 어린이들은 자신이 지은 건축물 모형과 친구가 지은 건축물 모형을 통해 우리가 함께 살고 있는 공간에 대해 생각해 봅니다. 그런 다양한 수업으로 우리가 함께 사는 공간은 어떤 모습이면 좋을까? 하는 건축적 사고를 이끌어 내고 있어요. 이 수업을 마친 친구들은 실제로 건축물을 어떻게 만드는지 궁금해했습니다. 주변의 공사 현장을 이전과는 다르게 보더라고요. 왜 저렇게 철근이 삐죽삐죽 튀어나오게 하는 걸까? 2층 바닥은 어떻게 지탱하는 걸까? 하고요.

《건축물이 올라가는 중입니다》의 주인공인 클라라도 집 옆에 새로운 건물이 올라가는 것을 보고 호기심을 품어요. 건물은 미술품처럼 원하지 않는다고 안 볼 수 있는 것이 아니죠. 주변에 새로운 건물이 세워지면 보지 않을 수가 없어요. 그런데 건물이 올라가는 걸 보는 방식은 저마다 달라요. 이른 아침부터 들려오는 공사 소음에 불쾌함을 느끼며 그냥 흘끗 보고 지나칠 수도 있겠지요. 그런데 클라라는 이러한 상황을 배움의 기회로 만든 현명한 친구예요. 건축 과정 하나하나를 유심히 관찰하면서 재미난 발견들을 해 나갑니다. 클라라의 눈을 따라 여러분은 건축물이 만들어지기까지의 전체 과정을 글과 그림으로 쉽게 이해할 수 있어요.

이 책은 우리가 사는 도시 공간이 어떻게 형성되는지를 살피고, 건축물이 올라가는 과정을 처음부터 끝까지 섬세하게 담았습니다. 어린이들이 이해하기

쉽도록 공사 단계별로 그려 넣은 멋진 건축물 그림이 압권이에요. 건축가, 측량사, 미장공 등 여러 사람이 머리와 힘을 모아야 새로운 건축물을 만들 수 있다는 점을 새삼 깨달을 수도 있지요.

건축은 우리가 속한 사회와 문화, 기술, 기후 등이 축적된 결과물이에요. 만일 타임머신을 타고 과거로 간다면, 한반도에 사는 우리는 흙과 기와로 만든 집들을, 스페인에 사는 클라라는 돌과 기와로 만든 집들을 보게 될 거예요. 같은 시간을 살더라도 장소에 따라 집의 모양이 다르죠. 우리가 사는 곳에서는 집과 집 사이가 떨어져 있고, 난방을 위해 바닥에 온수 파이프를 깔아요. 하지만 클라라가 사는 스페인 바르셀로나에서는 집과 집 사이가 붙어 있고, 바닥에 따로 온수 파이프를 설치하지 않지요. 이렇듯 이 책은 저마다 다른 건축 방식을 보게 되는 재미도 있습니다. 환경과 기후, 살아온 방식에 따라서 집의 형식이 달라지는 것을 알려 주는 거죠. 집은 삶을 담는 것이니까요. 저는 여러분이 이 책을 통해 건축 지식을 얻는 것을 넘어, 다양한 삶을 담는 건축에 대해 살펴보게 되었으면 좋겠어요.

앞으로의 건축과 도시 환경은 여러분들이 만들어 나갈 거예요. 자신이 살아가는 공간과 환경에 대한 지식을 쌓아 두어야 나중에 주도적으로 목소리를 낼 수 있겠지요. 여러분도 클라라처럼 건축과 도시 환경에 대한 지식을 채워 나가 보아요. 또 주변의 건축물들과 주변 공간의 변화들을 관찰해 보아요. 그래서 건축과 도시 환경에 대한 생각의 힘을 차곡차곡 쌓기를 바랍니다.

◆ 권현정